# DEMÉTER

Por

Melquizedec

ISBN: 9798324131661
United States Copyright Office 2024
Presentacion: Claudia Patricia Monsalve Arango
Coral Guia Espiritual
Diseño y Diagramacion: Juan David Rendón Bartolo
Edición: Gloria Cecilia Estrada Soto
Asistencia Técnica: Sara Cuartas Caro
Miami Estados Unidos
Medellin Colombia
Abril de 2024

Hechos todos los depósitos legales. Prohibida la reproducción total o parcial por cualquier medio, sin autorización escrita de los titulares de los derechos patrimoniales.

Dedicado a:

Dios Padre Madre del universo,
Creador de todo lo que es,
Bendito sea su Santo Nombre.

La Madre María, faro y guía de las mujeres.

Gabriel Arcángel por su compañía.

María Magdalena: Espíritu de Altísimo
Nivel, compañera de Jesús.

Todas las mujeres sometidas, coartadas en su libertad. Campesinas, obreras, aun profesionales, esposas de la soledad, donde quiera que se encuentren.

Mis amigas y compañeras de viaje, en todos los espacios donde el Padre nos ha tenido.

Mis hijos: Clara, Guillermo, Liliana y Carmenza.
Y mis nietos.

Mi compañero de vida Guillermo, el cómplice.

"Toda escritura es inspirada por Dios y útil para enseñar, para aprender, para corregir, para instruir en justicia, a fin de que el hombre de Dios sea perfecto, enteramente instruido para toda buena obra".

2 Timoteo 3:16-17

# Contenido

I. Presentación ............................................................... 9
II. La mujer en el universo ........................................... 23
A. La madre Gaia es mujer ........................................... 32
B. La Luna es mujer ..................................................... 34
C. La noche es mujer ................................................... 37
D. El agua es mujer ...................................................... 38
E. La mujer latina ........................................................ 40
III. La mujer y su entorno ........................................... 45
A. La mujer y la naturaleza .......................................... 47
B. La mujer y la familia ............................................... 48
C. La mujer y la sociedad ............................................ 50
IV. El papel de la mujer ............................................... 53
A. La mujer hija ........................................................... 54
B. La mujer novia ........................................................ 55
C. La mujer esposa ...................................................... 57
D. La mujer amiga y cómplice .................................... 59
E. La administradora del hogar ................................... 62
F. La madre .................................................................. 64
V. La mujer y la espiritualidad ................................... 67
VI. La mujer y el gobierno .......................................... 71
A. Derechos y deberes de la mujeres ........................... 73
B. La mujer administradora pública ............................ 75
C. La mujer frente a la estética y la ética .................... 78
VII. La mujer y su rol en las sociedades futuras ........ 81

# I. Presentación

# El Origen

El pasado mes de julio de 2023 fue un mes especial, cargado de emociones y reflexiones. De esos días en los cuales uno hace sus evaluaciones internas, en mi caso como abuela, y ahí abarco a todas las mujeres en mi condición: revisamos temas del hogar, la casa, el matrimonio y nuestra familia extendida, los hijos y sus hogares, los nietos en especial, y las cosas que han llegado a nuestras vidas. Algunas de ellas han permanecido, todas se han transformado y otras se han ido. De estas últimas la mayoría no tuvieron resistencia de nuestra parte porque considerábamos que se trataba del ciclo normal de la vida, pero hay otras que se fueron alejando de nosotros y, como estábamos resolviendo lo urgente, lo cotidiano, solo las lamentamos cuando ya habíamos dejado pasar el tiempo y perdido la oportunidad de retenerlas.

Pensaba mucho en la bendición que para muchas de las mujeres de mi entorno había sido el poder participar en grupos que de alguna forma transformaron nuestras vidas, y las de nuestras familias, cómo eso nos había dado el empuje para ser activistas en los sectores educativo, social, administrativo y político del municipio, y cómo nos sentíamos en cierta forma unas privilegiadas. Ahora la preocupación era cómo mantener esas oportunidades para las mujeres de las nuevas generaciones, pues nosotras éramos el ejemplo claro de la semilla germinada, crecida y fortalecida, pero ¿cómo decirles a esas niñas que van a reemplazarnos, que hay un camino recorrido, unos principios, una forma de ver las cosas, unos conceptos claros sobre el papel de la mujer en la sociedad, que hemos aprendido y probado y que por favor los conserven?

Los días nostálgicos nos traen esperanzas y una de ellas era la ilusión de volver a reunirnos las compañeras de algunos grupos a los que hemos pertenecido, para hacer, a nuestra manera, un homenaje a quien durante décadas ha sido nuestra líder, mentora, maestra y consejera, y, para otras, como en mi caso, mi segunda madre, la señora Gladys Guzmán de Cuartas.

Ese 11 de agosto se realizó el encuentro. Como de costumbre, iniciamos con la Santa Misa y las palabras del sacerdote en su homilía fueron muy expresivas, cargadas de reconocimiento y admiración para doña Gladys. Me llenó de sentimiento ver cómo ella nos repasó con una mirada llena de cariño hacia nosotras, como queriendo decir: misión cumplida. Luego vino el almuerzo que hicimos entre varias y al que, pese a mis pocos dotes culinarios, me había ofrecido a colaborar para sentirme satisfecha conmigo misma con un esfuerzo mayor para ese programa. Paso seguido vino la celebración del cumpleaños de doña Gladys y la torta como postre, un encuentro bien motivado por la alegría y los comentarios de las emocionadas participantes.

La verdad ese día logré mi objetivo de hablar poco y escuchar mucho, para poder evaluar todo lo que había reflexionado con anterioridad, pero el transporte para subir a la finca se retrasó muchísimo y eso actuó a mi favor para conocer a fondo sobre la vida de mis compañeras que en muchos años no había profundizado. Fue un tiempo valioso en el que, de manera muy espontánea y genuina, cada una empezó a descargar su emoción.

La esposa de un minero confesó que antes no pasaba de la sala de su casa porque a su esposo no le gustaba que ella tuviera vida social, casi ni familiar, hasta había restringido su comunicación con sus hermanas. Cuando se matriculó en el Centro de Formación Familiar su esposo le dejó de hablar por un tiempo largo en el que ella se mantuvo en su decisión. Lo satisfactorio del asunto es que esta mujer sometida y coartada en su libertad, hoy es miembro activo de grupos sociales y culturales del municipio, el esposo finalmente entendió, y hoy valora las habilidades y capacidades que antes no conocía de su mujer.

Por su parte, una líder del sector rural habló de lo que para ella y sus compañeros había representado el trabajo de Conciudadanía, la formación y conocimientos que habían recibido sobre las funciones y obligaciones del ciudadano y del Estado en todos sus niveles, y que a todos los había sacado de la oscuridad a la luz, porque antes caminaban mirando al piso, les daba pena pisar la oficina de una entidad pública, hablarle a un funcionario y temor reverencial escribir una carta. Esta líder campesina y comunal hoy aspira al Concejo municipal y es reconocida por su personalidad y carácter.

Una de las maestras confesó que al principio su participación en los grupos los tomaba como un pasatiempo, hasta que llegó su transformación, dijo que a raíz de estas experiencias empezó a encontrar su identidad, lo que la llevó a buscar su misión y propósito de vida. Esa maestra hoy se considera una educadora de convicción y de corazón, realizada en lo personal y en lo profesional.

Ese día fue mágico, hubo otras historias relevantes, cada una tenía algo bueno que recordar, por lo que me di cuenta de que todas estamos agradecidas, que éramos mujeres del común, unas más o menos sometidas que otras, y que nos había llegado la bendición de ser transformadas por estos grupos y una vez tocadas por esa mano habíamos transformado también la vida familiar y nuestro entorno, así de simple. En el alma de cada una reposa por siempre la huella de nuestra mentora, esa huella no se borra con la muerte, porque las huellas del alma, les recuerdo, son eternas.

Algunos esposos machistas llegaron en su momento a decirles que no asistieran porque les iban a enseñar cosas negativas, que debían tener claro que las mujeres eran de la cocina y la casa y las actividades de la calle eran exclusivas para hombres. Muchas se mantuvieron en los grupos, a pesar de la presión sufrida por el control de ingreso y salida que de sus veredas hacían los grupos armados.

Hoy me atrevo a decir que cuatro de cada cinco mujeres que hicimos parte activa de estos grupos, en este momento fortalecen los ámbitos deportivos, educativos, culturales, sociales, religiosos, comunitarios o políticos de los municipios de la cuenca del Sinifaná del departamento de Antioquia. Algunas de sus alumnas más aventajadas han sido reconocidas maestras, otras, profesionales en distintas áreas y hasta magistradas de las altas cortes.

Una de las psicólogas hacía énfasis en que todo lo transmitido por doña Gladys había sido fruto de una experiencia de vida abundante, una mujer que inició como estudiante interna, maestra, esposa, madre, miembro de asociaciones de padres de familia de los colegios y de juntas de acción comunal, concejal, alcaldesa por voto popular y después, creadora y motivadora de grupos de trabajo educativos, sociales y culturales. Lo cual le ha valido reconocimientos de la Gobernación del Departamento y del Congreso de Colombia.

Con todo esto, se revivieron las inquietudes de los días anteriores, ¿cómo buscar que esto trascienda? Esta vez la respuesta fue inmediata. No podía ser diferente, si de ella aprendimos a echar mano de lo simple y ordinario para tender puentes y lograr cosas inimaginables. En su alcaldía logró transformaciones muy destacadas, como convertir un grupo de jóvenes aficionados en campeones departamentales de fútbol y llevar la fiesta del campesino vereda por vereda, lo que se convirtió en una explosión de músicos, obras de teatro, declamadores, repentistas, deportistas, con realización de brigadas de salud y peluquería y convites para el arreglo de obras prioritarias.

Con ella aprendimos a hacer de un cumpleaños una convocatoria para abordar un tema de interés municipal, a hacer de una discusión con el esposo un acto de fortalecimiento de la unidad familiar, a valorar y apoyar irrestrictamente a los hijos para crecer su autoestima.

En consecuencia, junto con otras compañeras, nos permitimos llamarla para pedirle que nos escribiera lo que a su criterio fuera una guía para la mujer.

Para terminar, solo quiero confesar mi agradecimiento con Dios por haberle permitido llegar a nosotros, porque fue en su momento mi guía, mi confidente y mi luz, cuando la oscuridad se apoderó de mí... Y no solo por lo que significó para mí, sino para todas aquellas mujeres que hemos tenido la fortuna de tenerla en nuestras vidas. Mi tesoro, como siempre le digo, gracias, gracias, gracias por tanto.

Esto es lo que nos ha traído hasta aquí, ojalá lo disfruten y lo compartan, con la intención de que este libro sea transformador de la vida de cualquier mujer a la que, por cualquier motivo, llegue a sus manos.

Un abrazo,

Claudia Patricia Monsalve Arango

# Mi respuesta

Entre todas sus facetas de político, filósofo y escritor, me quedo con el José Martí poeta cuando dijo: "Hay tres cosas que cada persona debería hacer durante toda su vida: plantar un árbol, tener un hijo y escribir un libro". Solo me faltaba la última. ¿Por qué a estas alturas de mi vida me pongo en estas? Valga aclarar que la maestra Gabriela Mistral habló de cien años de desolación, Gabriel García Márquez habló de cien años de soledad y yo, como humilde servidora que he sido, puedo hablar de cincuenta años de admiración por la humanidad.

Para poder empezar a escribir me ha tocado recordar, revisar y ordenar ideas para saber cómo lo hago. Esta ha sido una oportunidad de reencontrarme conmigo misma. Alguna vez de niña, estudiante interna del Centro Educacional Femenino de Antioquia (CEFA), recuerdo podía escribir, pero no tenía experiencia de casi nada, en un diario que, como a todas nos pasa, se ha quedado en algún cajón de los recuerdos. Hoy tengo muchísimas experiencias y anécdotas, pero les confieso que ya no tengo la destreza que tuve en mis mozos años primaverales.

Yo era una joven tímida que llegó al municipio de Amagá como profesora de Español y Literatura en la Normal Victoriano Toro Echeverri, allí colaboré en programas sociales y culturales. Una vez resulté candidata y ganadora del Reinado del Carbón apareció el príncipe, pues esta historia no podía ser distinta, toda reina tiene su príncipe, el edecán de la candidata, que fue el hombre con el que compartí más de cincuenta años de vida. Llegaron el matrimonio, los hijos y las responsabilidades educativas, sociales, culturales y políticas, siempre acompañada por un esposo colaborador, diplomático y caballero a carta cabal.

Ahora sí les puedo decir que, analizando esto, la mayoría de las cosas que he hecho en mi vida son un agradecimiento a tantas bendiciones juntas de Dios, a la simpatía y buena voluntad de la gente en cada equipo de trabajo en el que estuve. Aquí debo debatir la frase generalizada según la cual en los pueblos mineros la gente es más difícil, pues en mi caso, a pesar de haber trabajado en cinco de los municipios más carboneros del país, durante casi toda mi vida, solo conocí personas bien intencionadas o nunca hubo tiempo para desgastarnos con personajes negativos. Así sacábamos adelante los propósitos de las asociaciones de padres de familia de los colegios, las juntas de los acueductos veredales y las juntas de acción comunal.

No puedo decir que en el ámbito político la vida como concejal y alcaldesa fuera fácil. Nos tocó liderar el Partido Conservador en la tierra natal del candidato y posterior presidente Belisario Betancur Cuartas, frente a una oposición de un Partido Liberal aguerrido, combativo y beligerante. Cabe recordarles a nuestros lectores que el Partido Liberal Colombiano era catalogado por algunos docentes universitarios como una de las agrupaciones políticas con más fanatismos en el planeta. Confrontarlos nunca fue fácil.

No obstante, y a pesar de esto, siempre habré de reconocer la caballerosidad y respeto recíproco entre nosotros y los jefes y líderes del Partido Liberal, con quienes nunca hubo asomos de enemistad, todo lo contrario, los mayores problemas personales originados por causas políticas sí se nos presentaron con los integrantes de nuestro mismo Partido Conservador. Hoy, pasado el tiempo, valoro el tesón de unos y otros, porque, como es mi caso, cada uno con sus ideas solo quería hacer lo mejor por el municipio y la región. Además, porque los años nos llevan a revisar los hechos con simpatía, lejos de animadversiones.

Culminada la alcaldía opté por abandonar la política y entregarme al activismo social, educativo y cultural —a veces pienso que fue una reacción al sentimiento del deber cumplido y al personal concepto de dejar que los que vienen de atrás tengan la oportunidad de ser—, y creamos varios grupos con la pretensión de mejorar la participación ciudadana y la situación de la mujer. Me afanaba el poder ayudar a romper esquemas machistas bien enraizados en todos los sistemas de la sociedad. Con las mujeres empezamos a trabajar temas como la autoestima, la valoración personal, el respeto recíproco entre ellas y sus esposos, la igualdad y equidad entre los sexos, la motivación de los hijos y el manejo de los recursos económicos de la casa con una visión administrativa.

La formación a hombres y mujeres en la participación ciudadana fue un aspecto bien importante, pues a medida que estudiamos las estructuras políticas y administrativas, dábamos tips para fortalecer la personalidad y carácter de los líderes, se elevaba su autoestima, se daban herramientas para exigir sus derechos y empezaban a ser responsables de sus deberes ciudadanos.

Todos y cada uno de los participantes fueron los verdaderos motivadores de su crecimiento, nada hice yo sola, el reconocimiento debe ser para ellos mismos y podría decirse que lo más rescatable de todo fue entender con las líderes y coordinadoras de los grupos que unidas hacíamos cosas, que en el fondo por eso fuimos exitosas, porque siempre primó el resultado del equipo y nunca el egoísmo. Logramos entender que el mantenernos conectadas, compartiendo experiencias, opiniones, consejos y recursos, nos fortalecía mutuamente. Ese fue el combustible invisible que todo lo hizo posible. Tratábamos siempre de ayudar a cada una de las participantes a identificar y reconocer sus fortalezas, habilidades y logros. Procuramos brindar un espacio seguro para expresar sus emociones y sentimientos y validar sus experiencias. Animamos a cuidar de su bienestar físico emocional y mental, mediante actividades que disfrutaran y las hicieran sentir bien con ellas mismas. Ayudamos a tomar decisiones por sí mismas y a confiar en sus capacidades para enfrentar desafíos. Buscábamos que cada una reconociera sus esfuerzos y logros y elogiara sus cualidades positivas de manera sincera. Le ayudamos a establecer metas realistas y alcanzables y tratábamos de acompañarla en su camino para lograrlas. Hablábamos del fracaso en positivo, para aprender a manejarlo y aprender de las experiencias difíciles, fortaleciendo su capacidad para superar adversidades. Insistimos en la aceptación de sí misma, tal como es, reconociendo que todas las personas tenemos imperfecciones y que eso forma parte de su singularidad y belleza. Inculcamos habilidades de comunicación asertiva para que pudieran expresar sus necesidades, deseos y límites de manera clara y respetuosa.

En la actualidad las alumnas son las maestras y las generaciones de esposos e hijos los veedores de esos procesos. Todos ellos, sin excepción, también ayudaron a este resultado.

Hoy estamos aquí porque me han pedido que escriba una guía para la mujer, lo he tratado de resumir en un temario que fue construido en cada momento de mi vida por cada una de las participantes de los grupos, que fueron en realidad nuestras verdaderas maestras y, por la fe que teníamos, motivadoras y motivados en nuestro propio proceso. Lo demás fue un simple acto de devolver al prójimo las bondades otorgadas por Dios y a una comunidad que siempre que la convoqué estuvo dispuesta a asumir los retos de su propia transformación.

Deseo de todo corazón que estas humildes notas les sean útiles a ustedes y a sus compañeros de viaje y disfruten esta, nuestra actual experiencia de vida. El temario fue hecho a propósito para que cualquier mujer, de cualquier lugar, en cualquier condición, se mire al espejo y se sienta orgullosa de serlo, se empodere y salga con altivez a conquistar el mundo, siendo fieles a ellas mismas y sus valores, reconociendo que está hecha de la misma materia de la que Dios hizo el universo armonioso en que vivimos, o sea, de feminidad.

Con afecto,

Gladys Guzmán de Cuartas

## Un aspecto a resaltar:

Al mediodía del domingo 25 de febrero del 2024 el libro estaba terminado, sin embargo, en ese momento el Mensajero de Dios, el arcángel Gabriel, nos sugirió cambiar el nombre por Deméter, lo cual es un honor para nosotros, en referencia a la diosa madre del panteón griego, dotada de un espíritu apacible y generoso, diosa de la agricultura y protectora de la fertilidad y fecundidad de la tierra. Agrega Gabriel: quien además representa la fortaleza de su aspecto maternal, ser luchador y guerrero de raíces muy fuertes, en cuyos frutos desbordantes despliega abundancia y prosperidad.

Mujer, ¿te sientes llamada a cumplir estos propósitos en tu vida? Por eso tienes este libro en tus manos, nada es casualidad.

El maltrato, la discriminación, la violencia contra la mujer y el feminicidio son algunas de las formas como la oscuridad viene respondiendo a esa gran luz de feminidad que se esparce y acrecienta, sobre todo, en América Latina. Esta es nuestra humilde respuesta, porque, como eternamente ha sucedido, la luz siempre ha vencido a la oscuridad. Y también es otra forma de hacer un homenaje a las mujeres víctimas de estos ataques.

Por último, es de suma importancia consignar que, aunque Melquizedec aparece como autor de este libro, todos los conceptos, la finalidad y el sentido de esta pequeña obra fueron dictados por mi madre, de principio a fin, lo que constituye para mí una alegría inmensa al hacer parte de este homenaje que su comunidad de alumnas y familias han pretendido realizarle.

Melquizedec

## II. La mujer en el universo

El papel del ser femenino en el universo es un tema que ha sido objeto de debate, discusión y evolución a lo largo de la historia y varía significativamente según la cultura, la sociedad y el contexto en el cual se examine. Las perspectivas sobre el papel de las mujeres en el universo son diversas y cambian con el tiempo.

En muchas sociedades, las mujeres han desempeñado roles variados y fundamentales en la familia, la comunidad, la economía y la cultura. Estos roles pueden incluir la maternidad, la crianza de los hijos, el cuidado del hogar, la educación, la participación en la fuerza laboral, el liderazgo político y empresarial, la contribución a la ciencia, el arte y la filosofía, entre otros.

Sin embargo, es importante destacar que las opiniones y expectativas sobre el papel de las mujeres han evolucionado a lo largo del tiempo. En muchas sociedades, las luchas por la igualdad de género han llevado a cambios significativos en las oportunidades y los derechos de las mujeres, permitiendo que desempeñen roles más diversos y equitativos en todas las esferas de la vida.

El papel del ser femenino en el universo es un concepto amplio y en constante evolución que se ve influenciado por factores sociales, culturales, políticos y económicos. La igualdad de género y el empoderamiento de las mujeres son objetivos importantes en muchas sociedades, y se trabaja constantemente para lograr un mundo en el que todas las personas, independientemente de su género, tengan igualdad de oportunidades y sean libres de elegir sus propios roles y contribuciones en la sociedad.

Para hacer un acercamiento desde lo interno al concepto femenino en el universo debemos pensar en lo que quiso Dios como creador al pensar en nosotras las mujeres. La idea de "Dios madre" es un concepto religioso o espiritual que se ha desarrollado en algunos sistemas de creencias y tradiciones religiosas como una contraposición o complemento a la noción más tradicional de "Dios padre". Esto generalmente se relaciona con la idea de que Dios, como entidad divina, no tiene género o es más allá de la dicotomía de género humana, pero se utiliza la palabra "madre" para enfatizar ciertos aspectos de la divinidad que a menudo se asocian con la maternidad y la feminidad. Amadas mujeres lectoras, creo que no podía ser distinto, pues siempre nos han dicho que los humanos fuimos creados a imagen y semejanza del creador mismo.

Las representaciones de Dios madre a menudo se centran en aspectos como la creación, la nutrición, la protección y el amor incondicional, que son atributos que se asocian con la figura de la madre en muchas culturas. La idea detrás de esto es ampliar la comprensión de la divinidad más allá de las connotaciones exclusivamente masculinas que siempre se han asociado con Dios padre.

Es importante destacar que la noción de Dios madre no es una creencia universal ni está presente en todas las religiones. Además, la representación de Dios en diferentes tradiciones religiosas puede variar de manera significativa, y algunas personas pueden considerar que esta representación es simbólica o metafórica, mientras que otros pueden tomarla de manera más literal.

En resumen, la idea de Dios madre se presenta como un complemento a Dios padre para destacar aspectos específicos de la divinidad que se asocian con la maternidad y la feminidad, que todas sabemos son cualidades inherentes a nosotras las mujeres.

En algunas tradiciones religiosas y espiritualidades contemporáneas, la idea de Dios madre también se ha utilizado como un intento de equilibrar las representaciones de lo divino y promover la igualdad de género en la espiritualidad. Esto puede resultar importante en aquellas tradiciones religiosas que, a lo largo de su historia, han tenido representaciones exclusivamente masculinas de lo divino.

En algunos contextos, la idea de Dios madre se utiliza para empoderar a las mujeres y darles un espacio igualitario en la religión y la espiritualidad, desafiando las jerarquías de género tradicionales.

En muchas tradiciones que adoptan la idea de Dios madre se enfatiza el papel de la divinidad en la creación y el sostenimiento de la vida, relacionándola con la experiencia de dar a luz y cuidar a los seres vivos.

Es importante destacar que las creencias sobre la divinidad varían ampliamente entre diferentes culturas y religiones, y la idea de Dios madre es más prominente en algunas tradiciones que en otras.

Para muchas personas, la idea de Dios madre puede ser una parte significativa de su propia espiritualidad personal y su relación con lo divino, permitiéndoles conectarse de manera más profunda con aspectos específicos de la divinidad.

La idea de Dios madre ha sido promovida en algunas corrientes espirituales contemporáneas que buscan una comprensión más inclusiva y equitativa de lo divino. Estas espiritualidades a menudo abogan por una conexión directa con lo divino y pueden adoptar una amplia gama de nombres y representaciones, incluyendo Dios madre, Diosa, Divinidad femenina, entre otros.

Dentro de las creencias que abrazan la idea de Dios madre, las representaciones de la divinidad femenina pueden variar considerablemente. Pueden incluir deidades específicas, arquetipos simbólicos o simplemente una comprensión abstracta de lo divino como femenino.

Las personas que siguen tradiciones religiosas que enfatizan la divinidad femenina a menudo realizan rituales y actos de devoción específicos relacionados con Dios madre. Estos rituales pueden incluir rezos, ofrendas, celebraciones y prácticas espirituales destinadas a honrar y conectarse con esta representación de lo divino.

La idea de Dios madre ha sido abordada en el contexto del feminismo y la teología feminista. Estos movimientos han analizado y debatido cómo las representaciones de lo divino pueden influir en las estructuras de poder de género y han defendido la inclusión de una divinidad femenina para promover la igualdad de género en la religión y la sociedad.

La idea de Dios madre no se limita a una religión en particular. Se ha incorporado en diversas tradiciones religiosas y espirituales en todo el mundo, incluyendo el neopaganismo, algunas formas de hinduismo, y el culto a la Diosa madre en varias culturas y movimientos espirituales contemporáneos.

En última instancia, la idea de Dios madre es un concepto que ha surgido en respuesta a la necesidad de una comprensión más inclusiva de lo divino y una reevaluación de las representaciones tradicionales de la divinidad en muchas culturas y religiones.

De otro lado, para abordar el tema de la mujer en el universo, veo también oportuno hablar sobre las leyes espirituales que gobiernan el universo y su relación con el concepto de feminidad.

Las leyes espirituales que se considera que gobiernan el universo son conceptos metafísicos y filosóficos que se encuentran en muchas tradiciones religiosas y espirituales. Estas leyes son interpretaciones de cómo funciona el universo a un nivel más allá de lo físico y se centran en principios de conciencia, energía y espiritualidad. La relación entre estas leyes y el concepto de feminidad puede variar según las interpretaciones y creencias de diferentes culturas y sistemas de pensamiento.

Aquí, algunas leyes espirituales comunes y su posible relación con el concepto de feminidad:

> La ley de la atracción sugiere que atraemos a nuestras vidas aquello en lo que enfocamos nuestra atención y energía. En relación con la feminidad, algunas interpretaciones pueden destacar la idea de que las mujeres tenemos un papel especial en la creación y manifestación de la realidad a través de nuestra energía y enfoque.

La ley de la correspondencia afirma que lo que ocurre en un nivel superior (espiritual) se refleja en un nivel inferior (físico) y viceversa. En términos de feminidad esto podría interpretarse como una conexión entre el plano espiritual y las experiencias de las mujeres en el mundo físico.

La ley del equilibrio hace referencia a que la armonía y el equilibrio son fundamentales para el crecimiento y la evolución espiritual. En relación con la feminidad, podría enfatizar la importancia de honrar y equilibrar las energías femeninas y masculinas tanto dentro de cada individuo como en la sociedad en general.

La ley del flujo y reflujo refleja los ciclos naturales de la vida, incluyendo los momentos de crecimiento y expansión seguidos de períodos de retroceso y reposo. Respecto a la feminidad, esto puede asociarse con los ciclos biológicos y emocionales de las mujeres, así como con la idea de que la creatividad y la manifestación requieren momentos de descanso y reflexión.

La ley de la intención y el deseo se centra en la importancia de tener intenciones claras y alineadas con nuestros deseos para manifestar lo que queremos en la vida. En términos de feminidad, esto puede relacionarse con la idea de que las mujeres tenemos un papel especial en la creación y manifestación consciente de deseos y metas.

La ley de la compasión y el servicio sugiere que al practicar la compasión y servir a los demás, experimentamos un crecimiento espiritual y encontramos un mayor sentido de propósito en la vida. En relación con la feminidad, algunas interpretaciones pueden resaltar la capacidad de las mujeres para cultivar la compasión y el cuidado hacia otros.

La ley de la transformación y la evolución reconoce que el cambio es una constante en la vida y que la transformación es esencial para el crecimiento espiritual. En términos de feminidad, puede asociarse con la natural capacidad de las mujeres para adaptarse y evolucionar en diversas situaciones y etapas de la vida.

La ley de la unidad y la interconexión enfatiza que todo en el universo está interconectado y que cada individuo es una parte integral de un todo más grande. En relación con la feminidad, esto podría resaltar el papel de las mujeres en nutrir y mantener relaciones interpersonales y comunitarias. Es lo que hace que los grupos donde hay mujeres tengan más permanencia en el tiempo.

La ley de la autenticidad y la expresión verdadera insta a las personas a ser auténticas y a expresar su verdadero ser sin miedo al juicio o la aprobación externa. En términos de feminidad, esto puede apoyar el anhelo general de que las mujeres tienen el derecho y la capacidad de ser auténticas y expresarse plenamente en todas las áreas de sus vidas.

La ley del amor incondicional mueve el universo y debería, por ende, mover la vida de los seres humanos, es aquella que promueve el amor desinteresado y sin condiciones como una fuerza poderosa para la transformación y la sanación. En relación con la feminidad, puede enfatizar la capacidad de las mujeres para ofrecer amor y apoyo de manera incondicional a sí mismas y a los demás.

La ley de la creatividad y la expresión artística hace referencia a que la creatividad es una expresión esencial de la espiritualidad y que todos poseemos la capacidad de crear y expresarnos de manera única. A la luz de la feminidad, se puede resaltar la importancia de fomentar y valorar la creatividad y la expresión artística notoria en las mujeres en muchas áreas, como la literatura, la pintura, el diseño, la costura, la moda, la cerámica, la música y danza, entre otras.

La ley del perdón y la liberación enfatiza la importancia de liberarse de resentimientos y culpas para experimentar la paz interior y la sanación. En términos de feminidad, se puede destacar la innata capacidad de las mujeres para cultivar el perdón y la compasión, tanto hacia sí mismas como hacia los demás.

La ley de la gratitud y la apreciación invita a reconocer y valorar las bendiciones y lecciones presentes en cada momento de la vida. En relación con la feminidad, se puede enfatizar la importancia de cultivar una actitud de gratitud y aprecio hacia uno mismo y hacia la vida en general.

La ley de la intuición y la sabiduría interior dice que cada individuo posee una fuente de sabiduría interna y guía intuitiva que puede ser una poderosa herramienta para la toma de decisiones y la orientación en la vida. En términos de feminidad, subraya la importancia de honrar y confiar en la intuición y la sabiduría o el famoso sexto sentido inherente de las mujeres.

La ley de la sanación y la energía de curación reconoce que la energía y la intención pueden ser utilizadas para facilitar procesos de sanación física, emocional y espiritual. En relación con la feminidad, se puede resaltar la capacidad de las mujeres para ser canalizadoras de energía de curación y agentes de transformación.

Recuerda que estas leyes espirituales son interpretaciones filosóficas y metafísicas, y su relevancia y conexión con la feminidad dependerá de las creencias individuales y espirituales de cada persona. No obstante, quise traer a colación estas leyes espirituales y su relación con la feminidad, para que una vez desglosadas una a una, pudiéramos tener la certeza de que, en materia de principios fundamentales de conciencia, energía y espiritualidad, lo femenino es parte de la esencia, sin lo cual nada podría existir. Esto quiere decir que estamos presentes en todo porque simplemente Dios quiso que fuésemos, en su mano de pintor, la paleta inspiradora de toda su obra de arte.

¿Por qué las mujeres somos para los hombres el azúcar de su café?

La expresión "las mujeres son el azúcar para el café" es una metáfora que se ha utilizado en algunas culturas latinas para expresar la idea de que las mujeres añaden un elemento de dulzura y complejidad a la vida de los hombres.

Esta metáfora se basa en la idea de que las mujeres, al formar relaciones y compartir la vida con ellos, aportamos un elemento de cariño, apoyo emocional y enriquecimiento a sus vidas, de manera similar a como el azúcar mejora el sabor del café.

No obstante, es crucial recordar que las relaciones son complejas y cada individuo aporta su propia singularidad a cualquier relación. Cada persona tiene sus propias cualidades, talentos y formas únicas de enriquecer las relaciones.

Mis queridas mujeres, solo basta que recuerden las caras de sus hombres tomándose un café amargo. Yo no sé ustedes, pero a mí no me cabe ninguna duda que somos para ellos el genuino azúcar de su café.

## A. La madre Gaia es mujer

La representación de la Tierra como una entidad femenina, a menudo llamada Madre Tierra o Madre Gaia, tiene raíces en diversas culturas y mitologías alrededor del mundo. Esta simbolización se basa en diversas interpretaciones y simbolismos que veremos a continuación.

Fertilidad y crecimiento. La Tierra es a menudo asociada con la fertilidad y el crecimiento, ya que es el medio que nutre y sustenta la vida. La analogía con la maternidad y la capacidad de dar vida es una de las razones por las que se personifica como una figura femenina.

Ciclos de renovación. La Tierra experimenta ciclos de estaciones, de crecimiento y renovación. Estos ciclos se asemejan a los ciclos biológicos de una mujer, como el ciclo menstrual, lo que refuerza la metáfora de la Tierra como una entidad femenina.

Conexión con la naturaleza. En muchas culturas, las mujeres han sido históricamente vistas como las cuidadoras y protectoras de la naturaleza y de la vida en la Tierra. Así, asociar a la Tierra con lo femenino refleja esta conexión.

Interdependencia. Al igual que una madre proporciona sustento y cuidado a sus hijos, la Tierra proporciona los recursos y el entorno necesario para el sustento y cuidado de todas las formas de vida.

Tradición y mitología. En varias mitologías y tradiciones, la Tierra se personifica como una diosa o entidad femenina. Por ejemplo, en la mitología griega, Gaia era la personificación de la Tierra y considerada la madre de todos los dioses.

Es importante tener en cuenta que estas representaciones simbólicas son formas de expresar la relación especial que los seres humanos tienen con la naturaleza y el entorno que los rodea.

Además de las razones mencionadas anteriormente, hay otros aspectos culturales, históricos y espirituales que influyen en la percepción de la Tierra como una entidad femenina.

Historia de la agricultura. En muchas culturas antiguas, la agricultura era una parte fundamental de la vida y la supervivencia. Las mujeres eran muchas veces las encargadas de la siembra y el cuidado de los cultivos, lo cual fortaleció la asociación entre la fertilidad de la Tierra y la fertilidad de las mujeres.

Simbolismo religioso y espiritual. En diversas creencias espirituales y religiosas, la Tierra es vista como una entidad sagrada y se le atribuyen cualidades maternales y protectoras.

Esta visión se refleja en prácticas como la adoración de diosas de la naturaleza.

Metáforas literarias y artísticas. A lo largo de la historia, la literatura y el arte han utilizado la metáfora de la Tierra como madre para transmitir ideas sobre la vida, la muerte, la creación y la destrucción.

Movimientos feministas y ambientalistas. Durante el siglo XX, los movimientos feministas y ambientalistas influyeron en la manera en que se percibía y se representaba a la Tierra como entidad femenina. Esta asociación se utilizó para resaltar la importancia de cuidar y proteger el ambiente.

Equilibrio y armonía. En muchas culturas, la feminidad se asocia con cualidades como la compasión, la sensibilidad y el equilibrio. Estas cualidades se perciben como fundamentales para la preservación y el equilibrio de la naturaleza.

Es importante recordar que cada individuo puede tener su propia interpretación de estos simbolismos.

## B. La Luna es mujer

La asociación de la Luna con lo femenino también tiene profundas raíces en diversas culturas y mitologías alrededor del mundo. Aquí hay algunas razones que explican por qué la Luna ha sido tradicionalmente personificada como una entidad femenina.

Ciclos menstruales. La Luna sigue un ciclo de aproximadamente 28 días, que es similar al ciclo menstrual, en términos generales, de las mujeres. Esta conexión ha llevado a la asociación simbólica entre la Luna y la feminidad, así como a la creencia en ciertas tradiciones de que las fases de la Luna pueden influir en los ciclos menstruales.

Fertilidad y creación. La Luna ha sido vista como un símbolo de fertilidad y creación en muchas culturas. Su ciclo de crecimiento y decrecimiento se asemeja a los procesos de concepción, gestación y nacimiento.

Luz en la oscuridad. La Luna proporciona luz en la noche, cuando la oscuridad prevalece. Esta dualidad entre la luz de la Luna y la oscuridad de la noche puede ser interpretada como una metáfora de la dualidad en muchas culturas donde lo femenino está asociado con la creación y la vida, mientras que lo masculino está ligado a la destrucción y la muerte.

Maternidad y protección. La idea de una madre que proporciona luz y guía en la oscuridad se refleja en la asociación de la Luna con cualidades maternales y protectoras.

Simbolismo religioso y mitológico. En muchas mitologías la Luna está personificada como una diosa, como Selene en la mitología griega, Luna en la mitología romana o Chang'e en la mitología china. Estas diosas representan aspectos de la feminidad, como la fertilidad, la maternidad y la intuición.

Arquetipos psicológicos. En la psicología analítica del maestro Carl Jung, la Luna es a menudo asociada con el arquetipo de lo femenino, que incluye aspectos como la intuición, la receptividad y la creatividad.

Influencia en las mareas. La Luna ejerce una influencia en las mareas de los océanos, lo que ha llevado a la creencia de que la Luna tiene un poderoso efecto sobre las aguas, que tradicionalmente se asocia con lo femenino.

Es importante recordar que estas asociaciones son simbólicas y culturales, y pueden variar en diferentes culturas y a lo largo del tiempo.

Misterio y profundidad emocional. La Luna ha sido asociada con lo misterioso y lo emocionalmente profundo. Esto puede reflejar la percepción de que las mujeres tenemos una conexión intuitiva y emocional más fuerte con el mundo que nos rodea.

Ciclos de vida y renovación. Al igual que la Luna pasa por ciclos de crecimiento y disminución, también se asocia con la idea de la vida, la muerte y la renovación. Esta conexión con los ciclos naturales de la vida se relaciona con el concepto de fertilidad y transformación.

Equilibrio y polaridad. En muchas tradiciones filosóficas y espirituales, se considera que la energía femenina representa la receptividad, la intuición y la conexión con lo divino, mientras que la energía masculina representa la acción, la fuerza y la manifestación. La Luna, como símbolo de lo femenino, equilibra y complementa esta dualidad.

Reflejo de la luz solar. La Luna no emite su propia luz, sino que refleja la luz del Sol. Esta idea de reflejar la luz y la energía de otra fuente puede ser vista como una metáfora de la capacidad femenina de recibir y transformar energía.

Conexión con la creatividad y la inspiración. La Luna, con su influencia en la naturaleza y las mareas, ha sido asociada con la creatividad y la inspiración. Este vínculo con la expresión artística y la intuición se alinea con las cualidades que suelen asociarse con lo femenino.

Nurturance y cuidado. La Luna, como una figura materna que brinda luz en la oscuridad, simboliza la idea de cuidado, protección y nutrición que es central en muchas representaciones de lo femenino.

## C. La noche es mujer

La asociación de la noche con lo femenino también tiene profundas raíces culturales y simbólicas. Aquí hay algunas razones que explican por qué la noche ha sido personificada como una entidad femenina.

Contraste con el día. La noche es el complemento natural del día, y esta dualidad ha llevado a muchas culturas a asociar la noche con lo opuesto o complementario al sol, que a menudo es personificado como masculino. Esta dualidad se refleja en muchas creencias y mitologías donde se establece una pareja cósmica entre el sol y la luna.

Misterio y ocultación. La noche, al estar envuelta en oscuridad, se percibe como un momento de misterio y ocultación. Esta cualidad enigmática se ha asociado con la idea de lo desconocido y lo inexplorado, lo cual ha sido simbolizado con frecuencia por lo femenino.

Fertilidad y ciclos lunares. Como hemos mencionado, la Luna sigue ciclos regulares y su fase más luminosa, la luna llena, ha sido asociada con la fertilidad y la abundancia. Esta conexión con la Luna y sus ciclos está profundamente relacionada con las concepciones de lo femenino y la capacidad de dar vida.

Calma y reflexión. La noche, en contraste con el día, a menudo lleno de actividad, se percibe como un tiempo de tranquilidad y reflexión. Esta cualidad introspectiva y calmada se ha asociado con la percepción de lo femenino como paciente y reflexivo.

Asociación con la Luna y la astrología. En muchas culturas, la noche está estrechamente vinculada con la Luna y sus fases. La astrología ha contribuido a esta asociación, ya que es considerada uno de los astros más influyentes en el comportamiento humano, basta investigar para darnos cuenta de innumerables historias de experiencias humanas relacionadas con el estado de la Luna.

La creatividad y el arte. Muchas formas de creatividad, como la música, la pintura y la escritura, son actividades que suelen realizarse en la tranquilidad de la noche. La noche ha sido considerada como un momento propicio para la inspiración y la expresión artística, aspectos a menudo asociados con lo femenino.

## D. El agua es mujer

La asociación del agua con lo femenino también tiene profundas raíces culturales y simbólicas. Aquí me permito presentarles algunas razones que la explican.

Fertilidad y nutrición. El agua es vital para la vida y la supervivencia. Así como una madre nutre y sustenta a su hijo en el vientre, el agua nutre y sustenta toda forma de vida en la Tierra. Esta asociación con la nutrición y la fertilidad ha llevado a la representación simbólica del agua como femenina.

Fluidez y cambio. El agua es un elemento fluido y en constante movimiento. Puede adaptarse y fluir alrededor de los obstáculos, características que muchas veces se asocian con lo femenino.

Ciclos y renovación. El agua está involucrada en ciclos vitales, desde el ciclo del agua misma en la naturaleza hasta el ciclo de vida, muerte y renacimiento. Esta conexión se relaciona con la idea de fertilidad y transformación, que también se asocia con lo femenino.

Emoción y sentimiento. El agua está vinculada con las emociones y los sentimientos. Así como las emociones fluyen y cambian, el agua fluye y cambia de forma. Esta asociación con las emociones y la sensibilidad se relaciona con lo femenino en muchas culturas.

Poder de curación y purificación. El agua se asocia con el poder de sanar y purificar. El acto de limpiar se suele equiparar con el acto de cuidar, cualidades atribuidas a lo femenino.

Conexión con la Luna y la influencia lunar. El agua, especialmente en los océanos y mares, está fuertemente influenciada por la Luna a través del fenómeno de las mareas. Esta conexión con la Luna y su ciclo ha contribuido a la asociación del agua con lo femenino.

Origen del agua y la vida. El agua es vista como la fuente primordial de la vida en la Tierra. En muchas mitologías y creencias se considera que el agua es el origen de toda vida, más claro aún, sin agua no existiese la vida, lo cual ha llevado a la asociación con lo femenino.

## E. La mujer latina

Es importante recordar que no existe un conjunto universal de valores y virtudes que aplique a todas las mujeres de nuestra geografía, ya que la diversidad cultural y las experiencias individuales pueden llevar a una amplia variedad de valores y virtudes. Sin embargo, existen algunas cualidades que a menudo se valoran y aprecian en muchas culturas latinas e hispanas.

Para la mujer latina la familia es generalmente una parte fundamental de su vida. Se valora la cercanía y el apoyo entre los miembros de la familia extendida, y a menudo juegan un papel central en la construcción y el mantenimiento de estas relaciones. En Colombia al padre se le respeta y valora, pero a la madre se le da supremacía, en muchas regiones la figura matriarcal es relevante.

El respeto por los demás, especialmente por los ancianos y las figuras de autoridad, es una virtud importante en muchas culturas latinas. Además, se valora el cuidado y la preocupación por el bienestar de los demás.

La pasión y el compromiso emocional en las relaciones y en la vida en general pueden ser cualidades muy valoradas. La espiritualidad y la religión también juegan un papel importante en muchas de nuestras comunidades.

Las mujeres latinas a menudo muestran una gran resiliencia y fortaleza ante los desafíos y las dificultades. Esto puede explicarse por una larga tradición de superación de las adversidades o por una cultura que valora la capacidad de enfrentar y superar obstáculos. Ha estado en nuestro ADN latino la fuerza para sobreponernos a dificultades económicas, geográficas, climáticas, de recursos naturales, viales y sanitarias, entre otras.

La generosidad y la hospitalidad, especialmente hacia los invitados y visitantes, son rasgos valorados de muchas de nuestras mujeres.

Buena parte de las mujeres latinas muestran una gran independencia y determinación para perseguir sus objetivos y aspiraciones, ya sea en el ámbito laboral, educativo o personal. Valga resaltar la cantidad de mujeres que como cabeza de hogar han logrado sobreponerse a las dificultades y salir adelante en lo laboral y educativo y sacar adelante a sus hijos.

Es por todos conocido que la mujer latina tiene una gran sensibilidad y empatía hacia los demás, lo que se demuestra en su gran capacidad de comprender y empatizar con las emociones y experiencias de las personas de su entorno.

La creatividad y la expresión artística, ya sea a través de la música, la danza, la cocina, la cerámica u otras formas de arte, suelen ser rasgos muy valorados en nuestra sociedad.

La honestidad y la integridad en las relaciones y en la vida cotidiana, son virtudes que se valoran de manera primordial en nuestra cultura.

¿Cuál es la energía que rodea el entorno de la mujer latina?

Valga recordar que todo es energía y Latinoamérica se encuentra ubicada en la parte de nuestro planeta Gaia que es influenciado extraordinariamente por la energía femenina del universo, lo cual hace que, de manera determinante, los rasgos femeninos influyan en nuestra vida cotidiana. Contrario a la brusquedad y menos armónica forma de actuar por la que se caracterizan las personas gobernadas por la energía masculina en otros lugares del planeta.

¿Cuáles son los rasgos y valores más destacados de la energía femenina?

La energía femenina, en términos metafóricos y simbólicos, se asocia con una serie de rasgos y valores que no son exclusivos de las mujeres y pueden ser expresados por personas de cualquier género. Aquí exponemos algunos de los más destacados.

Empatía y compasión: la capacidad de entender y sentir las emociones de los demás, así como mostrar compasión y comprensión hacia ellos.

Nurturance y cuidado: la habilidad de nutrir y cuidar, tanto emocional como físicamente, a otras personas o a uno mismo.

Creatividad y expresión: la capacidad de expresar emociones, ideas y pensamientos de manera artística y creativa.

Intuición y sabiduría interior: la confianza en la propia intuición y sabiduría interna para guiar decisiones y acciones.

Adaptabilidad y flexibilidad: la habilidad para adaptarse a cambios y situaciones diversas con una mente abierta y una actitud flexible.

Fortaleza emocional: la capacidad de enfrentar y gestionar las emociones de manera equilibrada y constructiva.

Colaboración y conexión interpersonal: la habilidad para establecer conexiones profundas y colaborativas con otras personas.

Sensibilidad y receptividad: la capacidad de percibir sutilezas emocionales y energéticas en el entorno y en las relaciones.

Ciclicidad y flujo: la comprensión de los ciclos naturales y la capacidad de fluir con ellos en lugar de resistirlos.

Resiliencia y resistencia: la habilidad para superar desafíos y dificultades, a menudo a través de una fortaleza tranquila y persistente.

Empoderamiento y autenticidad: la promoción de la propia autenticidad y poder personal, así como la capacidad de empoderar a otros.

Fertilidad y creatividad: no solo en el sentido biológico, sino también en términos de generar nuevas ideas, proyectos y posibilidades.

Es importante recordar que estos rasgos y valores son abstractos y cada persona puede incorporar y expresar estos aspectos de la energía femenina de manera única y en diferentes proporciones.

La verdad, a mi leal saber y entender estos atributos de amor, compasión, misericordia, piedad, encanto, armonía, solidaridad y todos los similares son los que hacen especiales a nuestras mujeres, inclusive sus rasgos femeninos y sexapil nos diferencian frente a otras mujeres de otros continentes, no porque ellas no los tengan, sino porque sus culturas las llevan a ser diferentes a las mujeres latinas que ponen un toque picante y emotiva presencia a los entornos que frecuentan.

# III. La mujer y su entorno

El entorno que rodea a una mujer puede ser influenciado por una combinación de factores culturales, sociales y económicos que varían según la región y las circunstancias individuales. Algunos de los elementos comunes que con frecuencia influyen en la experiencia de una mujer latina pueden ser los siguientes.

La familia tiende a ser un pilar fundamental en la vida de una mujer latina. Las relaciones familiares suelen ser cercanas y pueden extenderse a parientes ampliados. Las mujeres latinas a menudo juegan roles importantes en el cuidado de la familia y en mantener la unidad familiar.

La lengua y la cultura desempeñan un papel central en la identidad de una mujer latina. Pueden enfrentar la tarea de mantener y transmitir su cultura y lengua a las generaciones futuras, especialmente si viven en un país donde el idioma principal es diferente al de sus raíces.

El acceso a la educación y a oportunidades económicas también es determinante, pues algunas latinas pueden enfrentar desafíos en términos de acceso a la educación superior y a empleos bien remunerados. Sumado esto a que algunos nominadores todavía guardan sus reservas sobre las capacidades laborales de las mujeres.

Las expectativas de género y los roles en la familia pueden ser una influencia significativa. Las mujeres latinas a menudo son vistas como las cuidadoras principales de la familia y pueden enfrentar expectativas culturales específicas en cuanto a sus roles y responsabilidades.

La religión y la espiritualidad pueden desempeñar un papel importante en la vida de una mujer latina. La participación en prácticas religiosas y la identidad espiritual son, muchas veces, factores que influyen en su experiencia.

El acceso a la atención médica y a la promoción de la salud son aspectos cruciales para cualquier comunidad. Las mujeres latinas pueden enfrentar desafíos específicos relacionados con la salud, como la disparidad en el acceso a la atención médica. En los pueblos y comunidades alejadas de los centros de atención, en los países latinos, todavía no hay acceso igualitario a los servicios públicos de salud.

Las amistades y el círculo social en las relaciones en la comunidad latina pueden proporcionar un sentido de pertenencia y apoyo emocional; también pueden ser una fuente de enriquecimiento cultural y de conexión con otras personas que comparten experiencias similares. Somos abundantes en hacer amistades, mantenerlas y prolongarlas en el tiempo, lo cual hace parte de nuestra riqueza en vivencias emocionales.

Para las mujeres latinas que son inmigrantes o tienen familiares inmigrantes las experiencias migratorias y el proceso de adaptación a un nuevo país pueden ser aspectos significativos en su entorno.

Los medios de comunicación y la representación de las mujeres latinas en la cultura popular pueden influir en la percepción de sí mismas y en las expectativas sociales sobre nosotras.

Es importante recordar que cada mujer es única y experimenta su entorno de manera individual y exclusiva. No obstante, para el desarrollo de este tema debemos valorar y respetar las diferencias entre las mujeres y abrazar la diversidad en todas sus formas, pues esa ha sido la voluntad del creador.

## A.  La mujer y la naturaleza

La relación entre la mujer y la naturaleza ha sido objeto de reflexión, simbolismo y representación a lo largo de la historia en diversas culturas y contextos. Esta relación se puede abordar desde múltiples perspectivas, incluyendo las siguientes:

Metáfora de la fertilidad. Tanto la mujer como la naturaleza han sido asociadas con la capacidad de crear y nutrir la vida. Esta conexión se ve reflejada en las representaciones simbólicas de la madre tierra o la madre naturaleza, así como en la idea de que las mujeres tienen el poder de dar a luz y criar a nuevas generaciones.

Ciclos y renovación. Tanto las mujeres como la naturaleza están vinculadas a ciclos naturales. Las mujeres experimentan ciclos menstruales y, a través del embarazo, el parto y la crianza, están conectadas con el ciclo de la vida. De manera similar, la naturaleza sigue ciclos estacionales, de crecimiento y renovación.

Sensibilidad y conexión emocional. En muchas culturas, las mujeres son consideradas como poseedoras de una sensibilidad y una conexión emocional más fuertes con el mundo que las rodea. Esta sensibilidad se puede comparar con la capacidad de la naturaleza para responder a su entorno y adaptarse a los cambios.

Simbolismo de la nutrición y el sustento. Las mujeres históricamente han sido las principales proveedoras de alimentos y cuidadoras en muchas sociedades. De manera similar, la naturaleza proporciona los recursos necesarios para la supervivencia y sustento de todas las formas de vida.

Resiliencia y fortaleza. Las mujeres y la naturaleza a menudo se perciben como increíblemente resistentes y capaces de enfrentar y superar desafíos. Ambas muestran una gran capacidad de recuperación frente a la adversidad.

Vínculo con la creatividad y la expresión artística. Tanto las mujeres como la naturaleza han sido fuentes de inspiración para la creatividad y la expresión artística. Muchas formas de arte y expresión cultural han tomado elementos de la naturaleza y de la experiencia de las mujeres como temas centrales.

Cuidado y protección. Las mujeres suelen asumir roles de cuidado y protección en la familia y la comunidad, lo cual se asemeja a la función de la naturaleza de proporcionar un entorno seguro y habitable para todas las formas de vida.

Es importante destacar que estas asociaciones son simbólicas y culturales, y no deben ser interpretadas de manera literal. Cada cultura y cada individuo puede tener su propia interpretación de estos simbolismos.

## B. La mujer y la familia

La relación entre la mujer y la familia es fundamental y multifacética. A lo largo de la historia y en diversas culturas, las mujeres han desempeñado roles esenciales en la formación, el cuidado y la unidad de la familia. Aquí hay algunas de las formas en las que la mujer y la familia están interconectadas.

Roles de cuidado y nurturance. Las mujeres históricamente han asumido roles centrales en el cuidado y la crianza de los miembros de la familia. Esto incluye actividades como la alimentación, el cuidado de la salud, la educación y el apoyo emocional. Valga priorizar en las mujeres el autocuidado, de tal manera que siempre se priorice el bienestar físico, mental y emocional de ella misma y de los miembros de su familia.

Transmisión de tradiciones y valores. Las mujeres a menudo tienen un papel crucial en la transmisión de las tradiciones culturales, los valores y las creencias de la familia a las generaciones futuras.

Unidad y cohesión familiar. Las mujeres a menudo desempeñan un papel importante en mantener la unidad y la cohesión dentro de la familia. Pueden ser el punto de encuentro y apoyo emocional para todos los miembros.

Contribución económica y laboral. En muchas familias, las mujeres contribuyen económicamente al hogar a través de empleos remunerados. Esto implica el equilibrio de las responsabilidades laborales con las tareas domésticas y el cuidado de la familia.

Gestión del hogar. Las mujeres tienen, con frecuencia, un papel central en la organización y gestión del hogar, incluyendo tareas como la planificación de comidas, la limpieza y la administración del presupuesto.

Apoyo en momentos de crisis. Las mujeres desempeñan un papel crucial como fuente de apoyo y orientación en momentos de dificultades o crisis familiares.

Crianza de los hijos y modelado de comportamientos. Las mujeres tienen una influencia significativa en la formación y educación de los hijos. Son modelos que seguir y pueden influir en la forma en que los niños perciben y tratan a los demás.

Roles de cuidado de los ancianos. Las mujeres a menudo asumen roles de cuidado hacia los miembros mayores de la familia, proporcionando apoyo y asistencia en la medida en que sea necesario.

Contribuciones a la diversidad familiar. Las mujeres, al igual que todos los miembros de la familia, aportan sus propias habilidades, talentos y perspectivas únicas que contribuyen a la diversidad y riqueza de la dinámica familiar.

Es importante destacar que las dinámicas familiares pueden variar enormemente según la cultura, la ubicación geográfica y las circunstancias individuales. Además, es fundamental reconocer que no todas las mujeres desempeñan los mismos roles o tienen las mismas experiencias en relación con la familia.

## C. La mujer y la sociedad

La relación entre la mujer y la sociedad es compleja y multifacética. Las mujeres desempeñan roles vitales en la estructura y el funcionamiento de la sociedad en diversos niveles y en una amplia gama de áreas. Aquí hay algunas formas en las que la mujer y la sociedad están interconectadas.

Participación. Las mujeres son parte integral de la sociedad y contribuyen en todos los ámbitos, incluyendo el ámbito laboral, educativo, político, artístico y comunitario. Al respecto venimos viendo con agrado que cada vez más la mujer va mejorando en habilidades de liderazgo, lo que le está permitiendo influir cada vez más positivamente en su entorno.

Trabajo y contribución económica. Las mujeres, con su trabajo, contribuyen significativamente a la economía en una variedad de industrias y sectores.

Influencia en la cultura y las artes. Las mujeres tienen un papel importante en la creación y la difusión de la cultura, las artes y la literatura. Han contribuido a moldear la identidad cultural de muchas sociedades.

Educación y desarrollo social. El acceso a la educación es esencial para el desarrollo individual y colectivo. Las mujeres tienen un papel crucial en la educación de las futuras generaciones y en la formación de ciudadanos informados y comprometidos. Aquí quiero recalcar que la mujer debe buscar siempre aprender y crecer, tanto académica como personalmente.

Participación política y toma de decisiones. Las mujeres tienen el derecho y la responsabilidad de participar en la vida política y en la toma de decisiones a nivel comunitario, regional y nacional.

Lucha por los derechos y la igualdad. Las mujeres han sido líderes en movimientos y luchas por la igualdad de género, la equidad y la justicia social.

Cuidado y bienestar comunitario. Las mujeres desempeñan roles cruciales en el cuidado de la salud y el bienestar de la comunidad, ya sea a través de profesiones de atención médica o de trabajo voluntario.

Promoción de la justicia y los derechos humanos. Con mucha frecuencia las mujeres se involucran en la defensa de los derechos humanos, incluyendo la lucha contra la violencia de género y otras formas de discriminación.

Formación de familias y redes de apoyo social. Las mujeres tienen un papel central en la formación y el mantenimiento de familias y redes de apoyo social. También juegan un papel importante en la creación de un ambiente en el que los individuos pueden prosperar y desarrollarse plenamente.

Innovación y emprendimiento. Las mujeres contribuyen al avance económico y tecnológico con su liderazgo en la innovación y el emprendimiento.

Es importante tener en cuenta que la experiencia y el impacto de las mujeres en la sociedad pueden variar según factores como la cultura, la geografía, la situación socioeconómica y otros contextos específicos. No obstante, la lucha permanente por la igualdad de oportunidades frente a los hombres también nos obliga a tratar a los demás con respeto y equidad.

## IV. El papel de la mujer

No cabe duda de que, en toda la historia de la humanidad, el actual siglo XXI es el de las mujeres, nunca se había estudiado y analizado tanto el papel de la mujer en los distintos ámbitos de la sociedad humana.

Valga advertir que ellas han sido quienes se han imaginado un mundo donde reine la igualdad de género y prime el respeto por los derechos sin dar paso a la discriminación sexual.

Cualquiera que sea el rol que ella ocupe dentro de nuestra sociedad, ha aprendido a ser mujer por encima de todo, aunque la sociedad exija de las mujeres belleza, buen estado físico y elegancia, vienen dando ejemplo a esposos, jefes, compañeros y amigos, porque están demostrando que lo importante es que han aprendido a sentirse bien con ellas mismas en todo momento y circunstancia. Y ese estar bien que significa mirarse al espejo y percibirse bien, visualizando un aspecto agradable de sí mismas, es lo que se llama la verdadera salud emocional, el combustible de la ambición humana. Es por esto que a la mujer de hoy se le mira distinto, viene demostrando personalidad, carácter y jerarquía en muchas de las estructuras de alto nivel donde han confiado en su destreza y manejo, bien sea en el gobierno, o en la empresa privada o en el simple manejo de algún emprendimiento familiar. Como sea, se las ha arreglado, ha vencido y se ha posicionado.

Ahora vamos a desarrollar los principales roles en que se percibe a la mujer en nuestra sociedad.

## A. La mujer hija

El papel de la mujer como hija puede ser variado y está influenciado por factores como la cultura, la familia y las circunstancias individuales. Aquí hay algunas de las formas en las que una mujer puede experimentar su papel como hija.

Como hija, una mujer suele tener una relación especial con sus padres que implica amor, respeto y agradecimiento por el apoyo y la orientación recibidas a lo largo de su vida.

Los padres desempeñan un papel importante en la transmisión de valores, creencias y tradiciones a sus hijos. Como hija, una mujer absorbe y adopta los valores de su familia que influyen en su forma de ver el mundo y tomar decisiones.

A medida que una mujer crece, su relación con los padres evoluciona. Pasa de una etapa de dependencia a una de mayor independencia y autonomía. Sin embargo, incluso en la edad adulta, la relación con los padres sigue siendo importante para muchas mujeres.

La familia, y en particular los padres, a menudo son una fuente crucial de apoyo emocional para sus hijas. Pueden ser quienes brindan consuelo, aliento y orientación en momentos de dificultad.

Como hija, una mujer puede tener un papel específico dentro de la dinámica familiar. Esto incluye roles como el de hermana mayor, hermana menor o única hija en la familia.

Dependiendo de la cultura y las expectativas familiares, una mujer puede tener ciertas responsabilidades y obligaciones hacia sus padres y otros miembros de la familia extendida.

A medida que los padres envejecen, una hija puede asumir un papel de cuidado y apoyo para garantizar el bienestar y la calidad de vida de sus progenitores.

Es importante tener en cuenta que la experiencia de ser hija puede variar significativamente según las circunstancias individuales y las dinámicas familiares. Además, las expectativas y las normas culturales pueden influir en cómo se percibe y se vive el papel de hija.

## B. La mujer novia

El papel de la mujer como novia puede ser muy significativo en su vida, un rol marcado por el compromiso y la preparación para el matrimonio. A continuación, se presentan algunos aspectos comunes que pueden caracterizar a una mujer como novia.

Como novia, una mujer está en una etapa de compromiso serio con su pareja y se está preparando para dar un paso importante hacia el matrimonio.

La novia suele desempeñar un papel central en la planificación y organización de la boda. Esto puede implicar decisiones sobre la fecha, el lugar, el vestuario, la comida y otros detalles importantes.

La mujer como novia tiene la oportunidad de expresar y demostrar su amor y compromiso hacia su pareja, a través de gestos, palabras y decisiones significativas que para algunos esposos pueden ser determinantes en sus triunfos profesionales. De ahí que se diga, en el argot popular, que detrás de cada gran hombre hay una gran mujer.

El compromiso y la futura unión en matrimonio implican la creación de una nueva unidad familiar. La mujer como novia está en el proceso de establecer una vida junto con su pareja.

A medida que la relación evoluciona hacia el matrimonio, la novia puede estar en un período de adaptación y negociación en términos de roles, responsabilidades y decisiones compartidas con su pareja.

Durante esta etapa, la novia puede brindar apoyo emocional a su pareja y recibirlo a cambio, especialmente si hay desafíos o decisiones importantes que tomar juntos, es por esto por lo que se empiezan a visualizar como equipo.

La novia y su pareja tienen la oportunidad de crear y establecer tradiciones y rituales que serán significativos para su relación y su futura familia.

La etapa de noviazgo es un momento para desarrollar y fortalecer habilidades de comunicación y resolución de conflictos, que son esenciales para una relación sana, duradera, civilizada y pacífica.

La novia tiene la oportunidad de reflexionar sobre su propia identidad y el alcance de sus metas y sueños compartidos, así como de discutir y planificar el futuro con su pareja.

La novia y su pareja pueden celebrar su compromiso y su amor, tanto en privado como con amigos y familiares, como una forma de compartir su felicidad y recibir el apoyo de sus seres queridos.

Es importante recordar que el papel de la mujer como novia puede variar según la cultura, las preferencias individuales y las circunstancias específicas de la relación. Además, cada relación es única y puede tener dinámicas y expectativas diferentes.

## C. La mujer esposa

El papel de la mujer como esposa está basado en una relación consensuada y respetuosa entre adultos. En una sociedad civilizada, se valora la autonomía, el respeto mutuo y la igualdad en el matrimonio. A continuación, se presentan algunos aspectos claves del papel de la mujer como esposa.

El matrimonio implica un compromiso serio y mutuo entre dos personas que eligen compartir sus vidas juntas. Ambos miembros de la pareja tienen la responsabilidad de mantener y nutrir esta relación.

El matrimonio debe basarse en el respeto mutuo y la igualdad. Esto implica tratar a la pareja con consideración, valorar sus opiniones y necesidades, y tomar decisiones importantes juntos.

Es fundamental tener una comunicación abierta y honesta en el matrimonio. Ambos cónyuges deben sentirse libres de expresar sus pensamientos, sentimientos y preocupaciones de manera respetuosa.

Los esposos deben brindarse apoyo emocional y cuidado mutuo. Esto implica estar presentes en momentos de alegría y dificultades y ofrecer consuelo y aliento cuando sea necesario.

A pesar de estar casada, una mujer debe mantener su independencia y autonomía. Esto implica mantener sus propios intereses, amistades y actividades fuera de la relación.

Las decisiones importantes que afectan a la familia deben ser tomadas en colaboración y con el consentimiento de ambos cónyuges. Esto incluye asuntos relacionados con la crianza de los hijos, las finanzas y la planificación del futuro.

La intimidad y la vida sexual son componentes importantes de una relación matrimonial saludable. Ambos cónyuges deben sentirse cómodos y satisfechos con su vida íntima.

Cada cónyuge tiene su propia individualidad, con sus propios intereses, sueños y metas. Incluso su pasado en ellas, por ello es importante respetar y apoyar la singularidad de cada miembro de la pareja.

El matrimonio puede ser una fuente de crecimiento personal y desarrollo conjunto. Ambos cónyuges deben alentarse y apoyarse mutuamente en la búsqueda de sus metas y aspiraciones, tanto individuales como de pareja.

Los esposos deben celebrar juntos los logros y las alegrías en sus vidas. Esto fortalece el sentido de unidad y aprecio por el compañero.

Es esencial recordar que estas pautas son generales y que cada matrimonio es único. Además, el respeto y el consentimiento son fundamentales en cualquier interacción matrimonial en una sociedad civilizada.

## D. La mujer amiga y cómplice

En una sociedad civilizada, el papel de la mujer en una relación que incluye amistad y complicidad con su pareja es fundamental para construir una conexión sólida y satisfactoria. Aquí se presentan algunos aspectos clave del papel de la mujer en esta dinámica.

Como amiga, la mujer brinda apoyo emocional, comprensión y compañerismo a su pareja. Comparten intereses, actividades y pasatiempos, lo que fortalece su amistad y su conexión.

La confianza mutua es esencial. Ambos deben sentirse seguros y confiar el uno en el otro para compartir sus pensamientos y sentimientos.

La lealtad a la relación y a la pareja es un componente clave para mantener una conexión sólida.

La comunicación es la base de una relación saludable. Ambos deben sentirse cómodos expresando sus pensamientos, necesidades y deseos de manera respetuosa. Escucharse mutuamente y validar los sentimientos del otro es fundamental.

Brindar apoyo incondicional es esencial. La mujer debe estar presente para su pareja en momentos de alegría y dificultades, ofreciendo consuelo y aliento.

Practicar la empatía ayuda a comprender y validar las emociones y experiencias del otro. Ambos deben compartir sus experiencias y metas individuales, así como trabajar juntos hacia objetivos comunes que fortalezcan su conexión.

Romance y vida íntima. Como amante, la mujer comparte una vida íntima satisfactoria con su pareja, basada en el respeto mutuo y la exploración de la intimidad.

Es importante respetar la individualidad de cada miembro de la pareja, reconociendo que ambos tienen intereses, sueños y aspiraciones propios.

Celebrar juntos los logros y las alegrías refuerza el sentido de unidad y aprecio por el compañero.

Los desacuerdos son normales en cualquier relación. Resolver conflictos de manera respetuosa y constructiva fortalece la conexión.

Ambos deben ser una fuente de alegría y apoyo emocional en la vida del otro, contribuyendo a la felicidad y el bienestar mutuo.

En una sociedad civilizada, las relaciones se basan en el respeto, la igualdad y el consentimiento mutuo. El papel de la mujer como amiga y cómplice en una relación es esencial para construir una conexión fuerte y duradera.

En una sociedad civilizada, el consentimiento mutuo y la comunicación abierta son fundamentales en cualquier relación romántica. Ambas partes deben sentirse libres de expresar sus deseos, límites y expectativas.

Las relaciones de pareja deben estar basadas en el respeto mutuo y la igualdad. Esto implica tratar a la pareja con consideración y valorar sus opiniones y necesidades.

Una mujer puede brindar cuidado y apoyo emocional a su pareja, al igual que recibirlo. Esto implica estar presente en momentos de alegría y dificultades, y ofrecer consuelo y aliento cuando sea necesario.

La sexualidad en el matrimonio debe basarse en la exploración mutua del placer y el bienestar de ambas partes. Es importante que ambas personas se sientan cómodas y satisfechas en su vida íntima.

Aunque una relación amorosa puede ser una parte significativa de la vida de una mujer, es importante que mantenga su independencia y autonomía. Esto implica mantener sus propios intereses, amistades y actividades fuera de la relación.

Las relaciones saludables alientan el crecimiento y el desarrollo personal de ambos miembros. Toda mujer debe brindar apoyo y aliento a su pareja para que alcance sus metas y aspiraciones.

En una sociedad civilizada, el compromiso y la lealtad mutua son valores importantes en una relación romántica. Ambas partes deben sentirse seguras en la confianza y la fidelidad de su pareja. Aquí vale rescatar el principio bíblico de no hagas a otro lo que no quieres que te hagan a ti.

En una relación amorosa es normal que surjan desacuerdos. Lo importante es abordar los conflictos de manera respetuosa y constructiva, buscando soluciones juntos.

Como esposa, una mujer debe contribuir positivamente a la felicidad y el bienestar de su pareja, y viceversa. Ambas partes deben ser una fuente de alegría y apoyo emocional en la vida del otro.

Es esencial recordar que estas pautas son generales y que cada relación es única.

## E. La administradora del hogar

El papel de la mujer como administradora del hogar implica asumir una serie de responsabilidades relacionadas con la gestión y organización de la vida doméstica. Sin embargo, es importante tener en cuenta que, en una sociedad civilizada, las tareas y responsabilidades del hogar no deben ser exclusivamente asignadas a las mujeres, deben ser compartidas de manera equitativa entre todos los miembros de la familia. Aquí se presentan algunas de las responsabilidades que una mujer puede desempeñar como administradora del hogar.

Planificación y organización. La mujer puede encargarse de la planificación y organización de las actividades y tareas del hogar, lo cual incluye la distribución de responsabilidades entre los miembros de la familia.

Gestión del presupuesto. Puede ser responsable de administrar el presupuesto familiar, que implica llevar un registro de los gastos, pagar facturas y tomar decisiones financieras en colaboración con su pareja.

Compras y abastecimiento. Puede encargarse de hacer compras para la casa, lo cual incluye alimentos, artículos de limpieza y otros productos necesarios para el hogar.

Cocina y preparación de comidas. La mujer y su esposo e hijos, sin excepciones, pueden ser los responsables de la preparación de comidas para la familia. Esto implica planificar menús, comprar ingredientes y cocinar.

Limpieza y mantenimiento. La mujer y su esposo e hijos pueden supervisar y participar en las tareas de limpieza y mantenimiento del hogar, incluyendo la limpieza regular, la organización y el mantenimiento de electrodomésticos y áreas específicas.

Cuidado de la salud y el bienestar. La mujer puede estar a cargo de coordinar las citas médicas, las vacunas de los hijos, administrar medicamentos y velar por el bienestar de los miembros de la familia en términos de salud.

Gestión del tiempo. Es importante que la mujer administre el tiempo de manera eficaz para equilibrar las responsabilidades del hogar con otras actividades personales y profesionales.

Educación y desarrollo de los hijos. Si hay hijos en la familia, la mujer puede desempeñar un papel fundamental en su educación y desarrollo, lo cual incluye ayudar con la tarea, organizar actividades extracurriculares y proporcionar apoyo emocional.

Manejo de la correspondencia y documentación. Puede ser responsable de gestionar la correspondencia, archivar documentos importantes y mantener al día la documentación del hogar.

Planificación de eventos y celebraciones familiares. Puede encargarse de la planificación y organización de eventos especiales, como cumpleaños, aniversarios y reuniones familiares.

Es fundamental recordar que estas responsabilidades no deben ser exclusivas de la mujer y que todos los miembros de la familia, independientemente de su género, pueden contribuir de manera equitativa en la administración del hogar. La colaboración y el apoyo mutuo son esenciales para mantener un ambiente armonioso y equilibrado en el hogar. Sin desconocer que la mujer debe ser capaz de manejar sus finanzas y ser económicamente independiente.

## F. La madre

El papel de la mujer como madre implica una serie de responsabilidades y roles fundamentales en el cuidado, educación y bienestar de sus hijos. Sin embargo, es importante destacar que la crianza y el cuidado de los hijos no deben ser exclusivos de las mujeres; es una responsabilidad compartida que involucra a ambos padres. Aquí se presentan algunas de las responsabilidades y roles que una mujer puede desempeñar como madre en una sociedad civilizada.

La madre tiene un papel central en el cuidado físico y emocional de sus hijos, lo cual incluye alimentar, bañar, vestir, consolar y proporcionar atención médica cuando sea necesario.

La madre es una de las principales figuras en la educación y desarrollo de sus hijos. Esto implica estimular su aprendizaje, apoyarlos en la escuela y fomentar su creatividad y curiosidad.

La madre desempeña un papel importante en la transmisión de valores, ética y moral a sus hijos. Ayuda a establecer las bases de su comportamiento y conducta en la sociedad.

A medida que los hijos crecen, la madre tiene la responsabilidad de fomentar su independencia y autonomía, permitiéndoles tomar decisiones y asumir responsabilidades gradualmente.

La madre se encarga de velar por la salud y el bienestar de sus hijos, lo cual incluye chequeos médicos regulares, una alimentación equilibrada y la promoción de estilos de vida saludables.

La madre es una fuente de apoyo emocional y consuelo para sus hijos, proporcionándoles seguridad y amor incondicional.

Con mucha frecuencia, la madre juega un papel central en la organización y gestión de la rutina diaria de la familia, que incluye horarios, actividades y responsabilidades.

La madre puede estar involucrada en la planificación y participación en actividades extracurriculares que promuevan el desarrollo de sus hijos, como deportes, arte o música.

La madre es una figura clave en la gestión de crisis y desafíos que puedan surgir en la vida de sus hijos, brinda apoyo y orientación.

La madre celebra los logros y alegrías de sus hijos, lo que fortalece su autoestima y confianza en sí mismos.

Es importante subrayar que el papel de madre puede variar según las circunstancias individuales y las dinámicas familiares. Además, es esencial reconocer que las madres pueden tener diferentes estilos de crianza y enfoques, y que cada familia es única en su forma de criar a sus hijos.

# V. La mujer y la espiritualidad

La relación entre la mujer y la espiritualidad es diversa y compleja, ya que abarca una amplia gama de creencias, prácticas y perspectivas individuales. Aquí se presentan algunas formas en las que la mujer puede experimentar y participar en la espiritualidad en una sociedad civilizada.

Prácticas religiosas y espirituales. Las mujeres pueden participar activamente en prácticas religiosas y espirituales, ya sea a través de instituciones organizadas o con prácticas individuales como la meditación, la oración o la reflexión personal.

Liderazgo espiritual. En algunas comunidades, las mujeres pueden desempeñar roles de liderazgo espiritual como líderes religiosas, guías espirituales o educadoras en temas relacionados con la fe y la espiritualidad.

Conexión con la naturaleza. Algunas mujeres pueden encontrar una profunda conexión espiritual con la naturaleza y participar en prácticas o rituales que honran y celebran la conexión entre la humanidad y el mundo natural.

Crecimiento personal y desarrollo espiritual. La espiritualidad puede ser una fuente de crecimiento personal y desarrollo para muchas mujeres, ya que proporciona orientación, consuelo y un sentido de propósito en la vida.

Compromiso con la comunidad. La espiritualidad puede motivar a las mujeres a comprometerse con su comunidad, participando en actividades caritativas, de servicio o de apoyo a grupos vulnerables. Lo cual, a su vez, empodera y eleva la autoestima.

Ética y valores morales. La espiritualidad a menudo influye en la ética y los valores de una mujer, guía sus decisiones y comportamientos en la vida cotidiana.

Sanación y bienestar. Algunas mujeres pueden buscar la espiritualidad como una fuente de sanación emocional y bienestar, encuentran consuelo y fortaleza en sus creencias y prácticas espirituales.

Empoderamiento y autoestima. La espiritualidad puede ser una fuente de empoderamiento para muchas mujeres, lo que proporciona un sentido de autoestima, confianza y autoaceptación.

Exploración y pluralismo religioso. Algunas mujeres pueden optar por explorar diversas tradiciones espirituales y religiosas y adoptar elementos de diferentes prácticas para crear su propio camino espiritual.

Activismo y justicia social. La espiritualidad puede inspirar a las mujeres a participar en actividades de justicia social y activismo, y a trabajar por la promoción de la equidad, la compasión y la inclusión en la sociedad.

Es importante recordar que la espiritualidad es una experiencia altamente personal y puede variar mucho entre individuos. Cada mujer puede tener su propia interpretación y práctica de la espiritualidad, y su relación con la misma puede estar influenciada por factores como la cultura, la educación y las experiencias personales.

Feminismo espiritual. Algunas mujeres combinan su espiritualidad con perspectivas feministas, lo que les permite explorar cómo las creencias y prácticas espirituales pueden apoyar la igualdad de género y el empoderamiento de las mujeres.

Rituales y celebraciones. Las mujeres pueden participar en rituales y celebraciones espirituales que marcan momentos significativos en sus vidas, como bodas, nacimientos, transiciones y fases de crecimiento personal.

Sanación energética y terapias alternativas. Algunas mujeres exploran prácticas de sanación energética y terapias alternativas como el reiki, la acupuntura o la meditación como parte de su camino espiritual.

Exploración de la conciencia y la mente. La espiritualidad puede involucrar la exploración de la conciencia, la meditación profunda y la expansión de la mente como formas de alcanzar una comprensión más profunda del ser.

Relación con lo trascendente o lo divino. Para muchas mujeres, la espiritualidad implica una búsqueda de conexión con lo trascendente, lo divino o una fuente de significado y propósito más allá del plano material.

Trabajo interior y autoconocimiento. La espiritualidad puede ser una herramienta poderosa para el autoconocimiento y el trabajo interior, ayuda a las mujeres a comprender sus motivaciones, deseos y desafíos.

Equilibrio y bienestar integral. La práctica espiritual puede ser una parte integral del enfoque de una mujer hacia el bienestar, ya que abarca aspectos físicos, mentales, emocionales y espirituales de su vida.

Interseccionalidad espiritual. Las mujeres pueden explorar la intersección de su identidad de género con otras identidades en su búsqueda espiritual.

Respeto por la diversidad religiosa. En una sociedad civilizada, se valora el respeto por la diversidad de creencias y prácticas religiosas, una cualidad que permite a las mujeres encontrar su propio camino espiritual sin prejuicios.

Alineación con valores humanitarios. La espiritualidad puede inspirar a las mujeres a alinearse con valores humanitarios como la compasión, la comprensión y el servicio a los demás, a contribuir con el bienestar colectivo y participar activamente en fundaciones o corporaciones de ayuda al prójimo.

Cada mujer puede tener una relación única con la espiritualidad y su viaje espiritual puede evolucionar con el tiempo. Es importante respetar y apoyar las elecciones espirituales individuales y fomentar un ambiente inclusivo que permita la exploración y la expresión de la espiritualidad de cada persona.

# VI. La mujer y el gobierno

En una sociedad civilizada, el papel de las mujeres en el gobierno debe ser igual al de los hombres, ya que ambos géneros tienen el mismo derecho y la misma capacidad de contribuir en la toma de decisiones y en la formulación de políticas que afectan a la sociedad en su conjunto. Esto implica:

Participación en la política. Las mujeres deben tener igualdad de oportunidades para participar en la política a todos los niveles, ya sea a través de la presentación de candidaturas, el activismo político o el ejercicio del voto.

Representación equitativa. Es importante que las mujeres estén representadas de manera equitativa en todos los niveles del gobierno, incluyendo cargos ejecutivos, legislativos y judiciales.

Liderazgo y toma de decisiones. Las mujeres deben tener la oportunidad de asumir roles de liderazgo y desempeñar funciones de toma de decisiones en el gobierno, contribuyendo con sus perspectivas, formación profesional, capacidades y experiencias únicas.

Formulación de políticas sensibles al género. Las mujeres en el gobierno pueden jugar un papel crucial en la formulación de políticas que aborden las desigualdades de género y promuevan la equidad en áreas como la educación, el empleo, la salud y la justicia.

Defensa de los derechos de las mujeres. Las mujeres en el gobierno pueden ser voceras y defensoras de los derechos y las necesidades de las mujeres en la sociedad, trabajando para eliminar la discriminación y la violencia de género.

Promoción de la participación cívica de las mujeres. Pueden trabajar para alentar su involucramiento en la vida política y comunitaria.

Impulso de políticas de conciliación laboral y familiar. Las mujeres en el gobierno pueden abogar por políticas que faciliten la conciliación entre las responsabilidades laborales y familiares, promover las licencias parentales remuneradas y garantizar el acceso a servicios de cuidado infantil.

Promoción de la igualdad en el ámbito laboral. Pueden trabajar para eliminar la brecha salarial de género y promover oportunidades equitativas de crecimiento y desarrollo profesional para mujeres.

Lucha contra la violencia de género. Las mujeres en el gobierno pueden proponer leyes y políticas para prevenir y abordar la violencia contra las mujeres, así como para proporcionar apoyo a las víctimas.

Fomento de la educación y empoderamiento. Pueden apoyar iniciativas que promuevan la educación y el empoderamiento económico de las mujeres, para fortalecer su independencia y capacidad para tomar decisiones informadas.

Es importante destacar que la participación significativa de las mujeres en el gobierno no solo beneficia a las mujeres, sino que enriquece la diversidad de perspectivas y experiencias que influyen en la formulación de políticas y en la creación de una sociedad más justa y equitativa para todos. En este punto quiero destacar que entre mujeres es muy importante apoyarse mutuamente y trabajar juntas para alcanzar metas comunes.

## A. Derechos y deberes de las mujeres

En una sociedad civilizada, las mujeres tienen los mismos derechos y deberes que los hombres. Estos derechos y deberes están respaldados por leyes y normas que buscan promover la igualdad de género y el respeto por la dignidad y autonomía de las mujeres.

## Derechos de las mujeres

Derecho a la igualdad. Las mujeres tienen derecho a la igualdad de trato ante la ley y la igualdad de oportunidades en todos los aspectos de la vida, incluyendo los ámbitos laboral, educativo y político.

Derecho a la no discriminación. Las mujeres tienen derecho a no ser discriminadas por motivo de género, así como por otros motivos como etnia, religión u orientación sexual.

Derecho a la vida y a la integridad física y moral. Las mujeres tienen derecho a la vida y a no ser sometidas a torturas, tratos crueles, inhumanos o degradantes.

Derecho a la libertad y seguridad personal. Las mujeres tienen derecho a la libertad y seguridad personales, y a no ser sometidas a detenciones o arrestos arbitrarios.

Derecho a la libertad de pensamiento, conciencia y religión. Las mujeres tienen derecho a la libertad de pensamiento, conciencia y religión, y a manifestar sus creencias en público o en privado.

Derecho a la educación. Las mujeres tienen derecho a la educación, incluyendo el acceso a la educación primaria y secundaria, así como a la educación superior y a la formación profesional.

Derecho a la salud. Las mujeres tienen derecho a la atención de la salud, el acceso a servicios de salud sexual y reproductiva, así como a la atención prenatal y a la planificación familiar.

Derecho a la participación política y cívica. Las mujeres tienen derecho a participar en la vida política y cívica de su país, derecho a votar y ser elegidas para cargos públicos.

Derecho al trabajo y a la igualdad de remuneración. Las mujeres tienen el derecho a trabajar en igualdad de condiciones que los hombres, así como a recibir una remuneración justa y equitativa por su trabajo.

Derecho a la libertad de expresión y opinión. Las mujeres tienen derecho a la libertad de expresión y opinión, incluyendo la libertad de buscar, recibir y difundir información e ideas de toda índole.

## Deberes de las mujeres

Cumplimiento de la ley. Al igual que todos los ciudadanos, las mujeres tienen el deber de cumplir con las leyes y normas de la sociedad en la que viven.

Respeto por los derechos de los demás. Las mujeres tienen el deber de respetar los derechos y la dignidad de los demás, incluyendo a otros miembros de la sociedad y de los más vulnerables, como los ancianos y los niños.

Participación cívica y política. Las mujeres tienen el deber de participar activamente en la vida cívica y política de su país, ejercer el derecho al voto y contribuir al bienestar de la sociedad.

Promoción de la igualdad y la justicia. Las mujeres tienen el deber de promover la igualdad de género y la justicia en todos los aspectos de la sociedad.

Fomento de la educación y el empoderamiento. Las mujeres tienen el deber de fomentar la educación y el empoderamiento de otras mujeres, incluyendo las adolescentes y niñas en su comunidad.

Participación en la economía y el desarrollo. Las mujeres tienen el deber de contribuir al desarrollo económico y social de su país a través de su participación en el mercado laboral y en actividades económicas.

Es importante destacar que estos derechos y deberes están destinados a promover una sociedad justa, equitativa y respetuosa de la dignidad y autonomía de todas las personas, independientemente de su género.

## B. La mujer administradora pública

El papel de la mujer como administradora pública en una sociedad civilizada debe reflejar los mismos estándares de competencia, integridad y servicio a la comunidad que se espera de cualquier empleado público, independientemente de su género. Aquí se presentan algunas de las responsabilidades y roles que, a mi criterio, una mujer puede desempeñar como administradora pública.

Gestión eficiente y transparente. Como administradora pública, la mujer debe gestionar los recursos y servicios de manera eficaz, transparente y responsable, garantizando el cumplimiento de los objetivos y metas establecidas.

Promoción de la igualdad de género. Debe trabajar activamente para promover la igualdad de género en todos los niveles de la administración pública, abogando por políticas y prácticas inclusivas y no discriminatorias.

Desarrollo y ejecución de políticas públicas. Tenemos la responsabilidad de participar en la formulación, implementación y evaluación de políticas públicas que beneficien a la comunidad en su conjunto.

Servicio a la comunidad. La administradora pública debe estar comprometida con el bienestar y la mejora de la calidad de vida de la comunidad a la que sirve, y velar por el interés público.

Participación ciudadana y transparencia. Debe promover la participación de la ciudadanía en la toma de decisiones y garantizar la transparencia en la gestión pública.

Gestión de recursos humanos. Como líder, debe supervisar y administrar equipos de trabajo, y promover un ambiente de trabajo inclusivo y respetuoso.

Fomento de la innovación y eficiencia. Debe impulsar la innovación en la administración pública, buscando formas eficientes y efectivas de brindar servicios a la comunidad.

Gestión de crisis y emergencias. En situaciones de crisis o emergencias, la administradora pública debe estar preparada para tomar decisiones rápidas y efectivas para proteger y servir a su comunidad.

Respeto por los derechos humanos. Debe respetar y proteger los derechos humanos de todos los ciudadanos y evitar cualquier forma de discriminación o abuso.

Desarrollo sostenible y medioambiente. Puede promover políticas y prácticas que contribuyan al desarrollo sostenible y a la protección del ambiente en su jurisdicción.

Rendición de cuentas y ética. La administradora pública debe ser responsable de sus acciones y decisiones, para ello debe actuar con integridad y ética en todo momento.

Colaboración interinstitucional. Debe colaborar con otras instituciones y entidades, tanto a nivel local como a nivel nacional, para abordar de manera efectiva los desafíos y necesidades de la comunidad.

Es importante destacar que el éxito de una administradora pública no está determinado por su género, sino por su competencia, integridad y dedicación al servicio público. La inclusión de mujeres en puestos de liderazgo en la administración pública enriquece la diversidad de perspectivas y experiencias, lo que puede llevar a decisiones y políticas más equitativas y efectivas para el beneficio de toda la comunidad.

## C. La mujer frente a la estética y la ética

En una sociedad civilizada, el papel de la mujer frente a conceptos como la estética y la ética puede ser amplio y diverso, y no debe estar limitado por estereotipos o prejuicios. A continuación, se presentan algunas consideraciones sobre el papel de la mujer en relación con la estética y la ética en una sociedad civilizada.

## Estética

Libertad de expresión. Las mujeres deben tener la libertad de expresar su individualidad y estilo personal a través de la moda, el maquillaje y otros aspectos de la estética. Esto incluye la elección de cómo desean presentarse ante el mundo.

Romper estereotipos de belleza. Las mujeres pueden desafiar los estándares de belleza convencionales al celebrar la diversidad de formas, tallas y apariencias. Pueden promover la aceptación de la belleza en sus diversas manifestaciones.

Empoderamiento a través de la estética. La estética puede ser una forma de empoderamiento para las mujeres, al permitirles tomar el control de su imagen y de cómo se sienten consigo mismas.

Industria de la moda y cosméticos. Las mujeres pueden jugar un papel importante en la industria de la moda y los cosméticos, desde el diseño y la creación hasta la promoción de prácticas sostenibles y éticas en esta industria.

# Ética

Integridad personal y profesional. Las mujeres deben actuar con integridad y ética en todas sus interacciones personales y profesionales. Esto incluye el respeto por los derechos y la dignidad de los demás.

Contribución a la comunidad. Las mujeres pueden desempeñar un papel activo en la promoción de valores éticos y cívicos en la comunidad, fomentando la responsabilidad social y el respeto por el bienestar colectivo.

Liderazgo ético. Las mujeres pueden ejercer el liderazgo de manera ética y responsable, promoviendo la toma de decisiones basada en valores y principios que benefician a la sociedad en su conjunto.

Defensa de los derechos y la justicia. Las mujeres pueden abogar por los derechos humanos y la justicia, especialmente en áreas donde se requiere una mayor protección, como la lucha contra la discriminación de género y la violencia.

Promoción de la responsabilidad ambiental. Pueden contribuir a la promoción de prácticas sostenibles y éticas en áreas como la protección del ambiente y la gestión responsable de los recursos naturales.

Participación en organizaciones y movimientos éticos. Las mujeres pueden participar en organizaciones y movimientos que promueven valores éticos y trabajan para abordar problemas sociales y ambientales.

Es fundamental reconocer que la relación de una mujer con la estética y la ética es altamente personal y puede variar según sus propias creencias, valores y experiencias. En una sociedad civilizada, se valora la diversidad de perspectivas y enfoques, y se promueve el respeto por las elecciones individuales, siempre y cuando estas no infrinjan los derechos y la dignidad de los demás.

¿Es más honesta la mujer en el sector público que el hombre?

La honestidad no está determinada por el género, sino por las cualidades individuales de cada persona. Tanto hombres como mujeres tienen la capacidad de ser honestos o deshonestos en cualquier ámbito, incluido el sector público.

La honestidad es una virtud que se basa en la integridad personal y en la voluntad de actuar con sinceridad, transparencia y ética en todas las situaciones. No es una característica intrínseca de un género en particular, depende de las decisiones y valores de cada individuo.

Por lo tanto, no se puede afirmar que las mujeres sean inherentemente más honestas en el sector público que los hombres. La honestidad es una cualidad que puede encontrarse en personas de cualquier género, igual que la deshonestidad.

En un entorno profesional, lo importante es fomentar una cultura de integridad, transparencia y responsabilidad, independientemente del género de los individuos involucrados. La selección de personal y la promoción en el sector público deben basarse en el mérito, la competencia y la ética, sin importar el género de los candidatos.

# VII. La mujer y su rol en las sociedades futuras

En el mundo de hoy, la institución familiar se enfrenta a una serie de desafíos y amenazas que pueden variar según las regiones y las circunstancias socioeconómicas y culturales. Algunas de las amenazas más comunes incluyen:

Cambio en la estructura familiar. La estructura tradicional de la familia nuclear (padres e hijos conviviendo en un mismo hogar) está experimentando cambios significativos. Factores como el aumento de familias monoparentales, familias reconstituidas y el retraso en el matrimonio y la maternidad/paternidad pueden afectar la dinámica y estabilidad familiar.

Presión económica. Las dificultades económicas pueden poner una gran presión en las familias. El desempleo, la inseguridad laboral y la desigualdad económica pueden llevar a tensiones y conflictos dentro del hogar.

Tecnología y desconexión. El uso excesivo de dispositivos electrónicos y la dependencia de las redes sociales pueden afectar la comunicación y el tiempo de calidad que las familias pasan juntas. Esto puede llevar a una sensación de desconexión entre los miembros de la familia.

Desafíos en la crianza de los hijos. La crianza de los hijos puede ser un desafío en un mundo que está en constante cambio. Factores como la educación, la exposición a la tecnología y la influencia de los medios de comunicación pueden plantear preguntas y dilemas para los padres.

Desplazamiento y migración. Las familias que se ven obligadas a migrar o que eligen hacerlo enfrentan desafíos importantes. La adaptación a nuevas culturas, la separación de seres queridos y la construcción de nuevas redes de apoyo pueden ser difíciles.

Presiones sociales y culturales. Las expectativas sociales y culturales sobre lo que constituye una familia "normal" o "aceptable" pueden ejercer una presión significativa sobre las familias, especialmente aquellas que no se ajustan a estas normas preestablecidas.

Conflictos y comunicación insuficiente. Problemas en la comunicación y la gestión de conflictos pueden llevar a tensiones dentro de la familia. La falta de habilidades para abordar problemas puede exacerbar los retos.

Salud física y mental. Las preocupaciones sobre la salud física y mental de los miembros de la familia pueden ser una fuente de estrés significativo. Esto incluye la gestión de enfermedades crónicas, trastornos mentales y otras condiciones de salud.

Violencia y abuso. La violencia doméstica y el abuso en el hogar son amenazas graves para la seguridad y el bienestar de las familias.

Cambios en las estructuras sociales y legales. Cambios en las leyes y políticas relacionadas con el matrimonio, el divorcio, la adopción y otros aspectos de la vida familiar pueden tener un impacto en las familias.

Es importante tener en cuenta que, aunque estas son amenazas comunes, también existen muchas fortalezas y recursos dentro de las familias y las comunidades que pueden ayudar a abordar y superar estos desafíos. Así como en los cargos públicos, en el ámbito empresarial y en organizaciones civiles, las mujeres deben desempeñar roles de liderazgo en todos los niveles de la sociedad.

El papel de la mujer en las sociedades futuras debe ser igualitario, basado en la plena participación y contribución de las mujeres en todos los ámbitos de la vida. Esto implica igualdad de oportunidades para el acceso a la educación, el empleo, la participación política y otros aspectos relevantes de la sociedad.

Con respecto a la participación en la economía las mujeres deben ser plenamente reconocidas y valoradas en el mercado laboral, con igualdad de remuneración y oportunidades de crecimiento profesional.

Sobre la promoción de la igualdad de género considero que las mujeres deben trabajar junto con los hombres para eliminar la discriminación y la violencia basada en el género.

Al referirnos al empoderamiento y la autonomía, consideramos que las mujeres deben tener el derecho y los recursos para tomar decisiones sobre sus vidas, incluyendo las relacionadas con la salud, la reproducción y el desarrollo personal.

En las áreas de ciencia y tecnología las mujeres deben ser reconocidas y alentadas a continuar este tipo de proyectos, así como las de ingeniería y las matemáticas, donde históricamente han estado subrepresentadas.

Las mujeres debemos estar atentas a mantener en alto nuestra dignidad por encima de cualquier cosa, a no distorsionar el concepto de mujer ni permitir el mal uso de nuevas tecnologías, como las redes sociales, donde sobre todo las mujeres jóvenes se muestran sin rumbo y con baja valoración moral. Incluso algunas de ellas aprovechan esas nuevas tecnologías para vender su figura y su cuerpo.

En relación con el cuidado y sostenibilidad las mujeres deben desempeñar un papel activo en la promoción de prácticas sostenibles y en el cuidado del ambiente y de las comunidades.

Frente a los espacios de promoción de la paz y la justicia las mujeres deben contribuir activamente a la promoción de la paz, la resolución de conflictos y la justicia social.

Con respecto al fomento de la educación y el desarrollo las mujeres deben ser líderes en la promoción de la educación y el empoderamiento económico de niñas y mujeres jóvenes.

Así mismo, las mujeres deben trabajar para crear comunidades inclusivas y respetuosas, donde todos los individuos tengan igualdad de oportunidades y se sientan valorados.

Es importante recordar que el papel de la mujer en las sociedades futuras no debe estar limitado por estereotipos de género, sino que debe estar basado en el respeto por la dignidad y autonomía de cada individuo. La diversidad de perspectivas y experiencias, tanto de mujeres como de hombres, enriquece y fortalece la sociedad en su conjunto.

En las áreas de innovación y emprendimiento las mujeres deben ser alentadas y apoyadas en la creación y gestión de sus propios negocios y empresas, contribuyendo así a la innovación y al crecimiento económico.

Es una necesidad social que en la promoción de la salud y el bienestar las mujeres cumplan un papel crucial en la promoción de estilos de vida saludables y en la atención de la salud física y mental de sus comunidades.

Las mujeres deben ser valoradas y reconocidas en el ámbito cultural y artístico, pues contribuyen a la expresión creativa y al enriquecimiento cultural de la sociedad.

Las mujeres deben tener el derecho de tomar decisiones informadas sobre su salud reproductiva y maternidad, así como recibir el apoyo necesario en todas las etapas de la vida.

En las áreas de tecnología y transformación digital las mujeres deben tener un papel activo en la adopción y desarrollo de tecnologías emergentes, asegurándose de que la transformación digital beneficie a toda la sociedad.

Con referencia a la resiliencia y adaptabilidad, las mujeres deben ser reconocidas por su capacidad de adaptación en situaciones de cambio y adversidad, que contribuye, a su vez, a la fortaleza de la sociedad.

Las mujeres deben ser mentoras y líderes en el desarrollo y empoderamiento de la próxima generación de líderes y profesionales.

Las mujeres deben jugar un papel activo en los procesos de construcción de la paz y en la promoción de la seguridad a nivel nacional e internacional.

Las mujeres deben ser guardianas del patrimonio cultural y contribuir así a la preservación y promoción de la diversidad de sus comunidades.

Las mujeres deben promover la educación cívica y la participación de la ciudadanía en la toma de decisiones, contribuyendo a una sociedad más informada y participativa.

El papel de la mujer en las sociedades futuras es multifacético y se extiende a todos los aspectos de la vida. Es fundamental reconocer y valorar la contribución de las mujeres en la construcción y el avance de una sociedad justa, equitativa y próspera para todos.

Made in the USA
Columbia, SC
26 June 2024